杉山慎策（中国学園大学・中国短期大学）編

山田方谷の思想と改革

吉備人出版

山田方谷の思想と改革

杉山慎策（中国学園大学・中国短期大学）編

山田方谷の思想と改革

本書は２０２０年5月7日、中国学園大学で開催された国際教養学部の開設（２０２１年度から）記念と、山田方谷ＮＨＫ大河ドラマ放映実現を求める１００万人署名達成記念として開催されたシンポジウム「山田方谷の思想と改革」を収録しています。

山田方谷の思想と改革

目次

ごあいさつ

中国学園大学・中国短期大学学長　千葉　喬三

本日は中国学園大学・中国短期大学が主催いたしますシンポジウムへようこそおいでいただきました。

今日のテーマは、ここにありますように「山田方谷の思想と改革」ということにしております。何故山田方谷なのかということですけれども、先ほど司会から話がありましたように、ＮＨＫの大河ドラマに山田方谷を登場させようという署名運動が１００万人を越したということが一つの契機ですし、それから私たちの中国学園大学に国際教養学部というのがありまして、そこを時代のニーズに合ったような改革をしようと考えております。そのときに、山田方谷こそが改革の方向を早くから提案していたということに気付きまして、山田方谷を中心にシンポジウムをやろうということにいたしました。

　ご存じの通り、山田方谷は岡山の備中高梁の方で、いわば地方の一小都市から出た人なわけですが、実は江戸で大きく日本を動かした人でもあります。彼のその素晴らしい知恵と人間性を教育に生かしたいという思いで、山田方谷を取り上げました。詳しくは、この後の講演者の方から山田方谷の紹介があると思います。山田方谷のすごいところは、彼はいろんなことを全部実行に移しているのです。学問というのは、教養だけ、いわば口先だけでやることが多いのですが、彼はそういうことはせず、言ったことはすべて形にして残しているのです。これこそが、今日要求される教育の姿ではないかと常々思っており、彼を取り上げることとしました。

　いろいろと講演者の方からお話をいただけると思います。ぜひ今日一日彼のすごい業績を知って、何かの参考にしていただければと思っています。どうぞよろしくお願いします。

［基調講演1］

「陽明学と山田方谷」

高橋　文博（中国学園大学・中国短期大学講師）

高橋文博　略歴

1977年、東京大学大学院人文科学研究科倫理学専門課程博士課程単位取得後、1977年岡山大学教養部講師、岡山大学教養部助教授、同大学文学部教授の後、2007年岡山大学大学院社会文化科学研究科教授。2013年岡山大学名誉教授。2014年より就実大学教育学部初等教育学科教授、2017年より中国学園大学非常勤講師。中江藤樹や熊沢蕃山など、日本における陽明学の研究者。

はじめに

高橋文博でございます。「陽明学と山田方谷」と題して、お話させていただきます。

陽明学は、儒学の展開のなかで、朱子学を批判することであらわれたものです。

お話の順序は、まず、儒学とは何かをお話し、つぎに朱子学とはどういうものか、陽明学は朱子学とどう違うのか、山田方谷（１８０５～１８７７）における陽明学の独自なところはどのようなものか、という形になります。

儒学とは

儒学（注１）は、中国の孔子（ＢＣ５５１～４７９）を開祖としてはじまったものですが、もっとも重要な特質は、徳を身につけた君子による政治を目指すことです。それは、一言でいえば、徳治（注２）です。

君子は、古典的教養を身につけた人ですが、古典的教養を身につけることが学、つまり学問でした。『論語』の冒頭に有名な「学びて時にこれを習う」（学而篇）という言葉がありますが、何

注１．儒学　孔子に始まる中国古来の政治・道徳の学（『広辞苑』）。
注２．徳治　徳を持って国を治めること（『広辞苑』）。

を学んだのかといいますと、孔子の学校の学びのカリキュラムとでもいうべきものを著した言葉が「論語」泰伯篇にあります。「詩に興り礼に立ち楽に成る」というもので、詩、礼、音楽をこの順序に学ぶことでした。この古典的教養に孔子が付け加えたのが仁[注3]でした。孔子自身が古典に学びつつ、仁の徳を身につけることを目指したのです。

儒学において、古典的教養を学んで君子になるための書物が五経です。五経は、「詩経」「書経」「易経」「春秋」「礼記」です。これらの書物の成り立ちには、孔子が深く関係しています。なお、音楽に関する書物は、早く失われてしまいました。

ここで注意したいことは、古典に学ぶ態度です。それは「述べて作らず」（述而篇）という「論語」の孔子の言葉にあらわれています。これは、先人の文献を受けついで説明するが、独創、創作はしないということです。儒学者は、古典的な書物に真理・真実があるとして、それを受けつぐという態度です。儒学者の重要な仕事は、古典的な書物の注釈をつけることでした。

儒学者の尊重する書物を経書といいますが、これは四書五経のことです。五経は先に挙げましたが、四書とは「大学」「論語」「孟子」「中庸」です。このうち、「大学」「中庸」は、五経の一つである「礼記」四九編のなかにあるものをそれぞれ独立させたものです。「論語」は孔子の言行録ですし、「孟子」[注4]は孔子の思想を受けつぐ孟子（生没年未詳）の言行録です。四書は、結局、孔子の思想をあらわすものです。五経を学ぶことは、孔子の学んだことを学ぶことですが、四書は、孔子に学ぶことなのです。

朱子学とは

四書を重視して、極めて重要な影響を与えたのが、中国の宋時代（北宋９６０〜１１２７、南宋１１２７〜１２７９）の朱熹[注５]（１１３０〜１２００）でした。四書五経の朱熹の注釈に学ぶことが朱子学です。

朱子学の特色は哲学的であることです。哲学的であるとは、世界の根源、原理を問題にすることです。朱子学では、世界の根源、原理を理と気であるとして、あらゆることを理と気にもとづいて説明します。

朱子学によると、気は、ガス状の物質で、これが運動しながら、液体、固体に転化して、あらゆるものを形作ります。理は、あらゆるものの形、意味、法則、構造、秩序といったことですが、しかも、そうした意味や法則などを成り立たせている根拠でもあります。

理について重要なことが二つあります。一つは、あらゆるものに理があり、それぞれのものにある理は別々のものであるけれども、根本的には一つであることです。これを「理一分殊」といっています。理はあらゆる事物に分かれて異なっているけれども根本は一つであることを言い表し

注３．仁　孔子が提唱した道徳の概念。礼に基づく自己抑制と他者への思いやり（『広辞苑』）。
注４．孟子　中国の戦国時代の思想家（『広辞苑』）。
注５．朱熹　南宋の大儒・宋学の大成者（『広辞苑』）。

た言葉です。

もう一つの重要なことは、人間の心はすべての理を具えているとすることです。このことは、人間の心には、存在するあらゆることを知って対応できる根拠があることを意味しています。そして、極めて重要なことは、人間の心にある理と事物にある理が同じであることです。

こうして、朱子学の特質は、あらゆる事物が理によって徹底的に定められていること、心にある理と外にある理とが同じであることとまとめられます。そこで、朱子学においては、徳を身につける修養は、外にある理と内にある理とが、一つであることを悟り、理を実現できる人格となることで、それが君子だということになります。

陽明学とは

王陽明（１４７２～１５２８）は、朱子学を学びましたが、挫折しました。外にある理と心にある理が同一であることを理解できなかったのです。有名なエピソードは、庭の竹の理を探究して一種のノイローゼになったというものです。陽明は、心を離れて理はないという「心即理」の考え方を前面に押し出して、理を心と外の事物とに認める朱子学の考え方を「支離」といって批判しました。

王陽明が朱熹を批判する要点をみるためには、いささか面倒ですが、「大学」という書物を取り上げなくてはなりません。「大学」は、もともと「礼記」の中にあるものでしたが、先に述べたように、独立した書物として尊重されるようになりました。

ところで、面白いことは、宋の儒学者は「大学」の文章の段落を入れ替えて、これが本来の形であると改定をしていることです。この場合、本来の形にもどしたのであるから、独創ではないというのです。そして、朱熹が改定した本文と注釈が「大学章句」で、これが広く普及し、日本の徳川時代にも通用します。

朱熹は、「大学」の始めの部分を「経一章」とし、その後に「伝十章」という章立てをしました。「経」が孔子の言葉であり、「伝」はそれに対する注釈であるとしています。この経と伝をあわせたものが「大学」の本文で、経と伝に朱熹が注釈をつけたものが「大学章句」です。

経一章は、明明徳、新民、止於至善の三綱領、格物・致知・誠意・正心・修身・斉家・治国・平天下の八条目としました。このような組み立てとみることで、天下国家の安寧は、格物致知(注6)を出発点とすることになります。格物は、物の理に至る、つまり理を窮めることで、そうすることで知を充実することであるとしました。

ところが、ここには、非常に重大な無理がありました。それは、格物致知については、「伝」にあたるものがもともとの「大学」にはないことです。そこで、朱熹は、先輩の程子の意を汲むとして「伝」を補ったのです。これは、実質的には創作ですが、先輩の意思を汲んで補ったのだと

注6．格物致知　自己とあらゆる事物に内在する個別の理を窮め（格物）、後天的に得た知見を拡充（致知）して究極的に常間普遍の理に達する（窮理）ことを目指す（『広辞苑』）。

しています。「大学」の本文まで補って作ったのです。

王陽明は、「礼記」の中にあったままの順序の「大学」でよいとし、朱熹が作った注釈を否定します。「礼記」にあったままの「大学」を「古本大学」といいます。

そして、この「大学」について、朱熹と王陽明の間で、さしあたり、三点の違いがあります。一つは、「古本大学」において、三綱領の新民は親民であること、第二に、「大学」の修養の焦点は格物致知ではなくて誠意にあること、そして、第三に、誠意は格物によって実現するのですが、格物は正すこと、物は事であるとしたことです。

いずれも興味深いことですが、第三のことに着目しましょう。朱熹のように、格物致知を、外にある理を窮めることとすると、人の行動の基準が外側に、客観的に定まることになります。また、世の中のことすべてが理によって定まることになり、具体的には、人の行動は礼によって事細かく決まることになります。

王陽明は、格物の物は事であり、意の発するところを事としました。そうすると、格物とは事を正すこと、心の内の事を正すことになります。心の内の事を正すことで理を実現するのです。外にある理を心が実現するわけではないとすることで、外面的、客観的に固定した理、実質的には伝統や国家の定める秩序に拘束されない、主体的な生き方となります。「大学」の修養の中心である誠意は、このような意味で、心を正すことによって実現するのです。

ここに問題があります。それは、心で心を正すことはどうしてできるのかということです。王陽明は、格物致知の致知の知という文字を、良知と解釈して、致良知(注7)としました。良知は、生まれつきの正しい道徳的判断力です。心には、すべての人に正しい道徳的判断力があり、この良知によって、各自が心を正していくのだといいます。そうはいっても、相変わらず、心で心を正すことが、どうして正しさを保証できるのかという問題は残るのです。なお、王陽明の晩年には、修養論は、この致良知一本に絞られて行く傾向にあります。

山田方谷と陽明学

さて、山田方谷です。彼の学びの基本は、当然に、朱子学でした。5歳の時からついた新見藩儒丸川松隠（1758〜1831）、23歳から断続的に三度、京都に遊学してついた寺島白鹿（1776〜1849 or 1850）は、いずれも朱子学者でした。方谷が、陽明学に近づいたのは、天保2（1831）年から4（1833）年にかけての第3回の京都遊学に際してのことです。ただ、天保3（1832）年正月に弟の山田平人に宛てた手紙では先師の説いたこととして「理一分殊」について記しています。朱子学の学びは継続しているのです。

陽明学との関係がはっきりするのは、29歳の天保4年の秋に、王陽明の問答録「伝習録」を読んで抜書を作っていることによってです。抜書の本体は残らず、「伝習録抜粋序」という序文だけ

注7．致良知　良知は心の本体としての理の発出であり、この良知を物事の上に正しく発揮することによって、道理が実践的に成立する（『広辞苑』）。

が残っています。また、同じ年の10月に大塩平八郎（1793〜1837）の「洗心洞箚記」を入手して、有終館学頭の奥田楽山(注8)に送っています。

「伝習録抜粋序」には、朱子学と陽明学について、次のようにまとめています。朱子学は、よく整った学問体系であり、学びの順序も整備されているので、初学者が学ぶのに適している。陽明学は、内面的主観的性格が強いので、資質のすぐれたもの向きではあるが、まかりまちがうと勝手気ままに流れる、と。

もう一つ、比較的早い時期と思われる、友人の春日潜庵(注9)（1811〜1878）への返書があります。このときの春日潜庵の手紙自体は残っていませんが、王陽明の致良知について質問したようです。

方谷は、陽明学は誠意を主とするものであり、致良知と格物が両者相まって誠意が実現するのだとして、潜庵が致良知にもっぱらで、格物に及ばないのには賛同できないと述べています。王陽明が、致良知を強調したのは、時代の弊害を救うためであって、本旨ではないというのです。

この二つの資料から、方谷における陽明学のあり方がわかります。一つは、朱子学を全面的に否定しているわけではないこと、むしろ、朱子学の学問体系が秩序正しく整っているので学びの上では幸便であると考えていることです。もう一つは、陽明学を誠意と格物を基本としており、致良知中心主義に距離を置いていることです。陽明学徒には、勝手気ままな行動をするものが出ていることも見ていたのでしょう。

このように見ていくことで、方谷が、陽明学に傾いていることがわかります。朱子学では、理にもとづいて正しさが決まるのであって、簡単にいえば、理に合っているかいないか、いいかわるいかしかないのです。朱子学の立場では、朱子学以外に正しい学問はありません。朱子学と陽明学のよいところを採りよくないところを捨てるという態度が、そもそも陽明学的です。

方谷は、30歳から32歳まで、江戸の佐藤一斎[注10]（1772〜1859）に入門しています。方谷は、一斎門の塾長、筆頭弟子でした。一斎は、陽明学者の代表の一人ですが、陽朱陰王[注11]といわれるように、朱子学を公的に講読しながら、陽明学を奉じていました。

方谷は、一斎の生き方を踏襲しているといえます。彼は、江戸からもどって、33歳で藩校有終館の学頭になり、翌年家塾を開いて儒学の教授をしますが、朱子学を基本としていたようです。

方谷が、陽明学の立場による自説を展開するのは、かなり後のことになります。年譜の明治3（1870）年、方谷66歳の条に、次のようにあります。

方谷は、平素、経書の講読には、朱熹の注釈によっていたのですが、塾生は陽明学を学びたい

注8．奥田楽山（1777〜1860）藩校有終館の学頭を務め、火災で廃校の危機にあった有終館を再建復興させ、晩年は自宅の莫過詩屋にて風流を楽しんだ（『高梁市史』）。

注9．春日潜庵（1811〜1878）幕末・明治初期の儒学者。京都の人。陽明学に傾倒し、佐藤一斎らと交遊（『広辞苑』）。

注10．佐藤一斎（1772〜1859）美濃岩村藩の家老の子。朱子学を奉じながら陽明学に傾倒し、陽朱陰王と評される。林家の塾頭、昌平校の教授となる（『広辞苑』）。

注11．陽朱陰王　表向きは朱子学を教えるが、内実は陽明学を信奉している。

とするものが多く出てきました。そこで、「古本大学」の講読をすることとしたのですが、その時の基本方針は次のようなものでした。

朱熹の注釈を通読し終わった上で、それでは実地の行いが難しいと思い、別に学びたいと真実に思うものに「古本大学」の講読をする、と。

繰り返しますが、これは、陽明学の立場だから、このようにいうのであって、朱子学ではこうはならないのです。

方谷は、藩の財政改革に指導的役割を果たして成功しますが、このことと関連する論説に「理財を論ず」があります。この論説は、儒学の伝統的な義利の弁の延長上にありますが、理財の内に屈するのではなく、理財の外に出るべきだとしています。これは、財政は財政だけでなく、道徳が重要であること、そして、民を愛して民衆の生活物資を豊かにするという、儒学の仁政の大原則に立ち返ることを述べています。

この限りでは、彼の財政改革の具体的施策が、陽明学にもとづくとはすぐにはいえません。それにしても、方谷の儒学は、陽明学的であったが故に、かなり柔軟な施策を提示することになったとはいえるでしょう。

方谷年譜の文久三年条に、方谷が藩主板倉勝静に時務三策を上申していることにつき、門下生の三島中洲[注12]が、註で、次のように述べています。

「先生は多策家にて、一事につき必ず上中下の策を出し、人をして選ばせる。しかし、下策は自分としては取るところではない」(『山田方谷全集』第一冊、76頁)

このように、二段構えで物事を処置することは、まさしく陽明学的です。下策はとるべきではないとするように、譲れない一線があったことも注意しておきたいことです。

このように、方谷の思想は、朱子学にもとづいて、一定の原則的立場をとりながらも、決して一定の立場に固執しないという意味で、陽明学的であるといえるのです。

方谷は、藩政を担った時期に、陽明学を信奉していたと考えられます。ただ、彼が、この時期、陽明学の立場によって積極的に自説を展開した資料は乏しいので、どの政策がどういう意味で、陽明学にもとづくということは、具体的には言いにくいことです。ただ、断定的なことはいえないのですが、次に述べる彼の独自性は、かなり早い時期に形成されていたであろうと、わたくしは推測しております。

方谷陽明学の独自性

方谷は、藩政の第一線から退いて後、陽明学の立場の講義をしており、その講義の筆録が残っています。これらにもとづいて、彼の陽明学の独自性をみることとします。方谷の陽明学の独自性はどこにあるのかといえば、自然の強調です。

方谷は、「古本大学」の中心は誠意であると認めました。その誠意とは、資料①にいうように、

注12．三島中洲　山田方谷に学ぶ。漢学塾二松学舎を創立。東大教授、東宮侍従長（『広辞苑』）。

心が「自然」のままにあることでした。この自然とは、資料②にいうように、王陽明の考え方にしたがっており、存在するものはすべて気の運動からなるとし、気の運動には自然に条理があるというものです。朱子学とは異なって、理が根本にあって、理が条理を厳密に定めるのではありません。

そこで、資料③のように、気だけから成り立つ世界のある場を太虚だとしています。太虚とは、張横渠(注13)（１０２０〜１０７７）という中国の儒学者に由来する言葉ですが、直近には大塩平八郎が大好きなことばでした。太虚は、何もない空虚、空っぽなところというイメージです。気が太虚から出てきて、太虚に帰る運動の中で、現実のさまざまなものを形作るという考え方です。

そこで、誠とは、「太虚」から出てきた気において成り立つ条理のままに生きることで、太虚の自然から来たものにしたがうから、自然のままであり、それが意を誠にすることであり、「太虚」に帰ることだというのです。

すると、方谷の考える自然からなるものは、物質からなる自然物でもあります。資料④のように、太陽、月、星もみな太虚から出てきた気からなるものです。これは、すべては気から出来ているとする考え方からは当然のことではあります。

ところが、資料⑤のように、人間は、人間として独自だとするのではありますが、自然を強調することにより、物質的なものと並ぶものとして、人間と自然物と等しいものとみる観点、あらゆるものの元は皆一つとみる観点を貫いていきます。

そして、資料⑥のように、自然にある条理を感じ取る能力が良知だという非常に面白い観点があるのです。良知が感ずる自然の条理にしたがうと誠意になるわけですが、自然に反すると「良知が不快に感ずる」というわけです。

ところで、先に春日潜庵を批判したように、良知第一主義はまずいと方谷は考えていました。すべての人が生まれつきの良知の判断で動けば、勝手気ままになります。それを避ける発想が方谷にはあります。

それが、資料⑦にある「絜矩の道[注14]」というものです。これは、「大学」の用語ですが、方谷は、これを、自分と他人を同一寸法で測ることだというのです。人びとの好悪は同じものであるというのですが、ここには、明確に人間の倫理的等質性の考え方が表明されています。

そして、人びとをみな同一寸法に測る「絜矩の道」は、「西洋の自主自由」についてもあてはまるというのです。というのも、「自主自由」は、わがまま勝手であるとすれば争乱や圧政を生ずるが、人びとの心を同一寸法に測る「絜矩の道」において、それぞれの楽を得るのであるから、これこそ「自主自由」だとするのです。これは、西洋近代の思想に対して、儒学でも対応できるとして、儒学の近代化をはかっているといえるでしょう。

方谷が、このようにいうのは、太虚にもとづく自然という観点をもつことで、自然物と人間も根本は等しいとすることから、さらに、人間はみな等しいとする人間観に至っていることを示し

注13．北宋の儒学者。号は横渠。気一元論的太虚説を唱えて、二程・朱喜に影響を与えた（『大辞林』）。
注14．絜矩の道　自分の心を尺度として、人の心を知る。道徳上の道（『大辞林』）。

ているのです。方谷の政治経済の施策は、民衆に対するあたたかい視線にあふれていますが、それは、彼自身が民衆の中で苦労したこととともに、陽明学に発する独自な自然重視の思想によるものといえるでしょう。

資料

①唯だ其悪を去り、自然なりに行くようにするが、大學工夫の大切なる處にて、其要は意を誠にするより外なし。意を誠にするは、唯一念の動く處につき、省察して自然に出づるか出ざるかを見るに在り。「古本大學講義」『山田方谷全集』第一冊、616頁

②王子ハ氣學ニテ、氣ノ自然ニ働ケバ自然條理ガ立チ物其筋ニ當リ、何モ窮理スルニ及バヌコト、ナル。「孟子養氣章講義」『山田方谷全集』第一冊、772頁

③誠とは何もなき大虚の處より自然なりに來るものにて、人は其大虚に立ち返るを要す、大虚にて意は如何なるものかと云へば彼の日月星辰の生ずる始めが意なり。人間にて云へば、物に觸れ感應せぬ前が大虚にて、其大虚に感應の物が生じて來る是意なり、意の出づる處是を自然と云ふ、即造物者の物を造る始めなり。「古本大學講義」『山田方谷全集』第一冊、615頁

④夫レ天地間一大元氣ノミ。何モ他物アランヤ。天地ト云ヘバ限リ有ルヤウナレドモ惣體形ノナキ物皆天ナリ、地ニ穴ヲ掘ルトモ、穴ノ中何モ無キ處天ナリ、形アルモノ皆地ナリ、空中鳥ノ居ル處モ地ナリ。又形アルハ大地球日月星辰萬物皆氣ナリ、是ヲ引總テ言ヘバ一大元氣ナリ、

「孟子養氣章講義」『山田方谷全集』第一冊、768頁

⑤惣體一大元氣ガ自然ニ運動シテ、ソレガ結ンデ萬物トナル。萬物トナレバ、其形ニ従ウテ運動ガアル。其形ノ中デモ、其レ〳〵運動ガ差ウ。目ハ物ヲ見、足ハ歩行シ、耳ハ聲ヲ聞キ、手ハ物ヲ取ル、各々運動ガ異ル。此ノ如ク一身中デモソレ〳〵運動ガ差ウ、況ヤ形ノ異ルモノヲヤ。故ニ人間ト生レバ、人間丈ノ運動ガアル、是皆大氣ノ運動ナリ。其生ノママ自然ノ運動通リニ行ケバ、コレガ直ナリ。直ナレバ自然ニ條理ニ當ルナリ。「孟子養氣章講義」『山田方谷全集』第一冊、768頁

⑥鳥は飛び、獣は走り、山は峙へる如く、人にも自然の理ありて、苟も理に當らぬことあれば、良知が必ず心に不快を感ずべし。故に良知の知れる通りに事を仕遂ぐるを、良知を致すと云ふ。卽ち致知なり。致とは格物に外ならずして、仕事を仕遂ぐる謂なり。卽ち致知なり。「古本大學講義」『山田方谷全集』第一冊、617頁

⑦西洋にて自由と云ふことあり、是は各我が好む儘を爲すやうなれども、其實絜矩の道と同様なり。何となれば人々一己の私に馳せ、一人の好惡を恣にせんか、必ず爭亂を生ず、爭亂は自主自由と云ふ可らず、好惡を衆人と同様にして、同じく其樂を享、是を眞の自主自由と云ふ。我れ一寸の自由をなさんとて、他人より一寸の自由を割き取る如き行爲ある可らず。天下萬民を同一寸法に取扱ひ、厚薄愛憎の差別を去れば、壓制など云ふことも心用なし。「古本大學講義」『山田方谷全集』第一冊、653頁

［基調講演2］

「山田方谷の経営改革」

杉山　慎策（中国学園大学・中国短期大学副学長）

杉山慎策　略歴

岡山大学法文学部卒業後、ロータリー財団奨学生として西ワシントン州立大学大学院経済学研究科に留学。岡山大学副手を経て資生堂に入社。国内営業や商品開発を経験し、資生堂ＵＫ社長、本社国際広報課長を歴任。資生堂退社後はユニリバーやロレアルなどの外資系企業のマーケティング責任者や経営責任者を歴任。2003年から2008年まで東京海洋大学客員教授。2006年より立命館大学経営管理研究科教授。2011年より国立大学法人岡山大学キャリア開発センター教授。2013年より就実大学人文科学部教授。2014年より新設した就実大学経営学部学部長、2015年より就実大学・短期大学副学長を兼務。2019年より中国学園大学・中国短期大学副学長。

「山田方谷の経営改革」について、お話しさせていただきたいと思います。

最初に、主要参考文献についてお話をしておきたいと思います。山田方谷の論集をまとめたものがこの『山田方谷全集』です。『泉屋叢考』(注15)というのは住友財閥の歴史をまとめたものです。『農具便利論』というのは江戸時代の農業経済学者である大蔵永常(注16)によって書かれたものです。『山田方谷に学ぶ財政改革』というのは山田方谷の六代目直系の野島透先生によって書かれたものです。そして最後の『ケインズに先駆けた日本人』は矢吹久次郎の四代目直系の矢吹邦彦先生が矢吹家に伝わっている山田方谷から矢吹久次郎宛の手紙などの資料に基づいて書かれた本です。このような本を参考文献にして書き上げました。

マルチな才能を持つ偉才

先ほど高橋先生からお話がございましたけれども、山田方谷というのはマルチな才能を持った偉才です。ベースにあるのは思想なんですけれども、四書五経の儒学を学ばれ、そして陽明学を修められたということで、これが基にあって教育者として藩校である有終館のトップ（学頭）を

注15．泉屋　京都で銅吹き（銅精錬）と銅細工業を営んでいた屋号（住友グループホームページより）

注16．大蔵永常　江戸後期の農学者。豊後の人。各地の農業を見聞し、多くの農書を著して作物の普及に努める（『広辞苑』）。

したり、あるいは明治になってからは閑谷学校の再興に貢献されたりしておられます。そしてもちろん政治家としては、時の藩主である板倉勝静(注17)が老中として日本の幕末の方向を決めるための参謀として活躍されています。大政奉還原案は彼が書いたものだと言われています。また、もう一つ、あまり脚光を浴びていませんが、松山城を無血開城しており、これも特筆すべき彼の功績だろうと思っています。そして最後に、彼は経営改革者でありました。彼は莫大な借金を抱えていた備中松山藩を大きく、しかも短期のうちに変えてしまいました。

私はこの最後の「経営改革者」としての山田方谷をとりあげてお話をしたいと思います。とは言いながら、教育者であり、政治家であり、経営改革者であったわけですけれども、貫いている思想というものがあり、それは先ほど高橋先生の方からお話があったように基本的な思想、そしてぶれない思想というものがあり、その上に教育者であり、政治家でもあり、経営改革者でもあって大成功し、しかも偉大な実績を残したということなんだろうと思います。

山田方谷のミッション

では、どのような改革をしたのかということについて、最初に山田方谷が与えられたミッションについてお話ししたいと思います。

彼のボスである板倉勝静は1849年に前の藩主であった養父から松山藩を引き継いだわけですが、勝静はその年に、すぐ山田方谷を元締役兼吟味役という当時の松山藩の実質的な経営責任者に据えました。彼が与えられたミッションは何かというと、既に備中松山藩は財政破綻寸前で、今日の言葉で言えばデフォルト寸前のような状況にあったわけですが、その松山藩の改革をせよということです。野島先生の資料によれば、毎年の収入が4・2万両で、今の価値に換算すると250億円となり、これに対して毎年の支出は7・5万両。従って、毎年の借金が3・3万両。そして、既にあった累積の借金が10万両（今日の価値で約600億円）を越えていたという経済状態にあったのです。これをなんとかしてくれないかというのが、ボスである板倉勝静から山田方谷に与えられたミッションでした。

それでは、いったいどのように経営改革を山田方谷はしたのかということについて次にお話ししたいと思います。

先ほど申しましたように10万両の借金を背中に背負ってスタートしたわけですけれども、実は実質7年で、10万両の負債から逆に10万両の準備金を持つような藩に生まれ変わらせました。実際に吟味役に任じられたのは1849年の12月のことでした。ということでこの年は1ヶ月しかありませんでしたし、実際には1857年のおそらく2月、遅くても3月には辞めておりますので、この間の実質7年という短期間にこれだけの経営改革を成し遂げてしまったということです。つまり、7年間で20万両のキャッシュを生み出したということになりますから、毎年3万両のキャッシュを作り出すという藩に備中松山藩を変えてしまったということになるのです。これをバ

注17．板倉勝静　文政6年1月生まれ。伊勢桑名藩主・松平定永の8男。板倉勝職の養子（『日本人名辞典』）。

ランスシートで見ると、右下の「純資産」を毎年3万両増やしたということになります。これだけの経営者というのは、今日の経営者の中でもなかなかいないのではないかと思います。

では、この経営改革の基本方針はいったい何だったのでしょうか。思想的には高橋先生からお話がありましたように、改革のベースには彼の温かい人間性というものがあったのだろうと思われます。彼は若い時に「理財論」というものを書いておりまして、松山藩の改革をするためには「理財の外に立つ」という考え方が非常に大切であると述べています。つまり、いくら税金を集めてそれを上手に使っても、とても10万両の借金は返せない。税金の収支以外のところで考えないといけないと言うのです。つまり、今日の経営学の用語でいうと「イノベーション」を興さないと改革はできないのだということです。

これをわかりやすく説明すると、コップの中に水がありますけれども、このコップの中の水をいくらかき混ぜたところで、新しい物は何も生み出せないということなのです。だから、コップの外で新しいイノベーションをつくっていかないとダメだということに早くから気付いていて、「理財論」の中でその基本的な考え方を書いております。そして、45歳の時に、板倉勝静がミッションを与えたとき、満を持してすぐに実行に移したのです。

「経営改革の実践」に必要な6つの柱

「山田方谷の経営改革の実践」につきましては、実は柱が6つあります。先にまずそれをお話ししたいと思います。

最初に、「上下節約」ということで、これは経営改革においては基本中の基本です。「入るを量りて、出るを制す」という考え方があります。入って来る収入をしっかり把握して、出ていく支出をできるだけ抑えるということが基本中の基本となります。経営学の理論には「ターンパイク理論(注18)」というものがあります。ターンパイクというのは高速道路という意味ですが、利益率も高く成長率も高いようなBというポジションにAから行く場合の一番の近道となるのがａの実線です。これは利益率も高めながら成長率も高めるということで、普通、経営学では至難の技だと言われています。ですから、高速道路で距離的には遠いのですけれども、ｃのラインで示すようにまず最初に利益率を高めて、それから成長率を確保する。これを「ターンパイク理論」というふうに言います。その基本が「上下節約」であって、山

注18．ターンパイク理論　目的に向かうのに、単に距離的に近い経路よりも、高速道路を利用する方が早く到着するという考え方から、経済成長もできるだけ均衡成長経路（ターンパイク）を進むのが効率的であるとする理論（『大辞林』）。

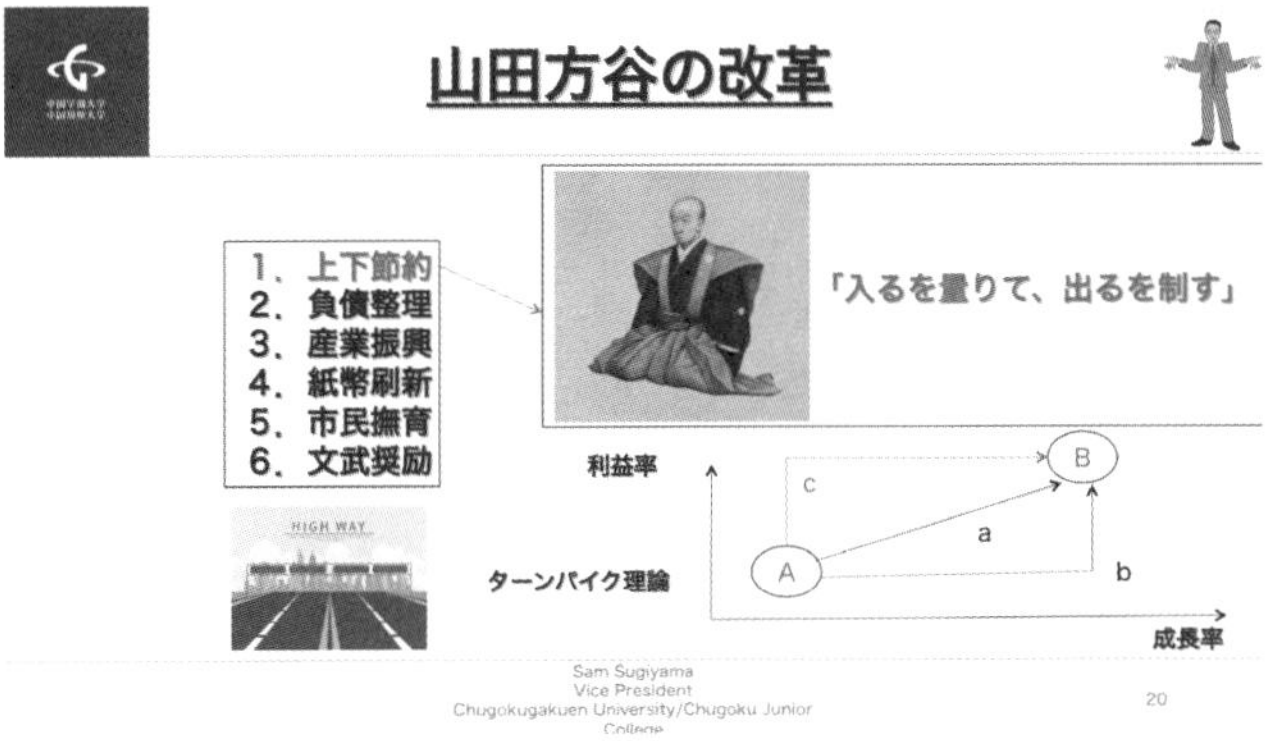
山田方谷の改革
1、上下節約
2、負債整理
3、産業振興
4、紙幣刷新
5、市民撫育
6、文武奨励
「入るを量りて、出るを制す」
HIGH WAY
利益率
c
B
a
A
b
ターンパイク理論
成長率
Sam Sugiyama
Vice President
Chugokugakuen University/Chugoku Junior College
20

田方谷はしっかり「ターンパイク理論」に則り実現したのだと考えています。

2番目に「負債の整理」ということでは、情報の開示ということが重要です。実態は今どうなっているのかということについて詳細に調べて、それを、経営学では「ステークホルダー」といいますが、周りの関係者すべてに開示してしまうのです。実際に調べると、備中松山藩というのは表高は5万石と言われていましたが、実際に計測してみると2万石にも満たない1・93万石しかなかったのです。そういうデータを基にして借金をしていた大坂の商人たちに対して、この情報を開示していきます。そして彼らに、「悪いけれども借金の棚上げをお願いしたい。必ず返すが、今は返せないので、少し時間的な猶予がほしい」ということをお願いして、商人たちは方谷の気迫に負けた面もあったのかもしれませんが、それを認めたのです。

同時に大坂の蔵屋敷を閉鎖し、そこにあった米を商人に任せて販売するのではなく、一番価格が高いときに自らが米を売るということによって、より高い収益を上げることができたと言われています。ここでとても大切な事があります。何をするにしろ、資金が必要となります。山田方谷の場合、ここで借金の棚上げに成功したわけですが、商人たちに対してさらに新しい借金の申し入れは一切していないという点です。でも、何かを興すためには資金は必要なのです。この事をぜひ覚えておいてください。後で、このことのからくり、つまり、山田方谷が何故こんなに短期間で経営改革を実践できたのかについてのお話しをしたいと思います。

3番目の「産業振興」というのは経営改革の根本です。これが改革の根本なので詳細は後に回して説明させていただきます。そして、先に4、5、6について、お話しします。

まず４番目の「紙幣刷新」ということです。山田方谷が担当した備中松山藩は長年借金漬けで、借金を埋めるために大量の藩札を出していましたので、藩札はもう紙くず同様、信用ゼロという状況にまで追い込まれていました。そこで方谷はどうしたかというと、この旧藩札を回収しました。回収して現金で払う。つまり、キャッシュを外に出しているわけです。それが１万１８００両とも言われておりますが、これが額面通りの金額だとしても１万１８００両も要りますし、八掛けとしても９０００両くらいの現金が必要になってきます。方谷が責任者になったとき、借金が10万両あり、毎年赤字が出ていました。その中でどうしてそんなお金を払うことができたのかということは謎です。つまり、彼は改革を始めたとたんに既にキャッシュが回るような経営改革を実現していたということになります。

方谷は「旧札の焼却」をします。これはデモンストレーションも含めてなのですが、集めた旧札を高梁川の河原で一日掛けて焼き払ったと言われています。その後、新しい「永銭」という新札を発行しました。紙屑同様の旧札を焼却した後で新札を発行すると信用が生まれてきますので、これが通貨として通用するということになります。

よく山田方谷は「財政の巨人」と言われることがありますが、私たちが知っている財政政策というのは、山田方谷のやったこととは真逆です。通常、財政政策というのは、国債を発行してお金を市中から集めて、そのお金を使って例えば道路を造ったり橋を造ったり、空港を造ったり、港を整備したりということに使います。そういうことをしたのではなくて、彼は紙切れ同然の旧札を回収して、それに対してキャッシュを払ったのです。ですから、彼を「財政の巨人」と呼称するのは、私は個人的に間違っていると思っています。

次に、5番目の「市民撫育」ですが、「撫育」というのは撫で育てるということで、市民を可愛がり育てることです。そして、庶民のために教諭所とか学問所を設置して、そこで人材育成を図ります。有終館で彼は学頭として10年以上担当していましたので、武士クラスの優秀な人材というのは既に目星を付けていたのではないかと思いますが、庶民や農民のレベルの中で優秀な人たちを見つけて人材登用していきます。そして6番目の「文武奨励」が最後になりますが、これは板倉勝静の強い意志で、有終館では「文なき武は誠の武にあらず」というスローガンの下で儒学を学びながら、同時に武術も鍛えるということをやっています。

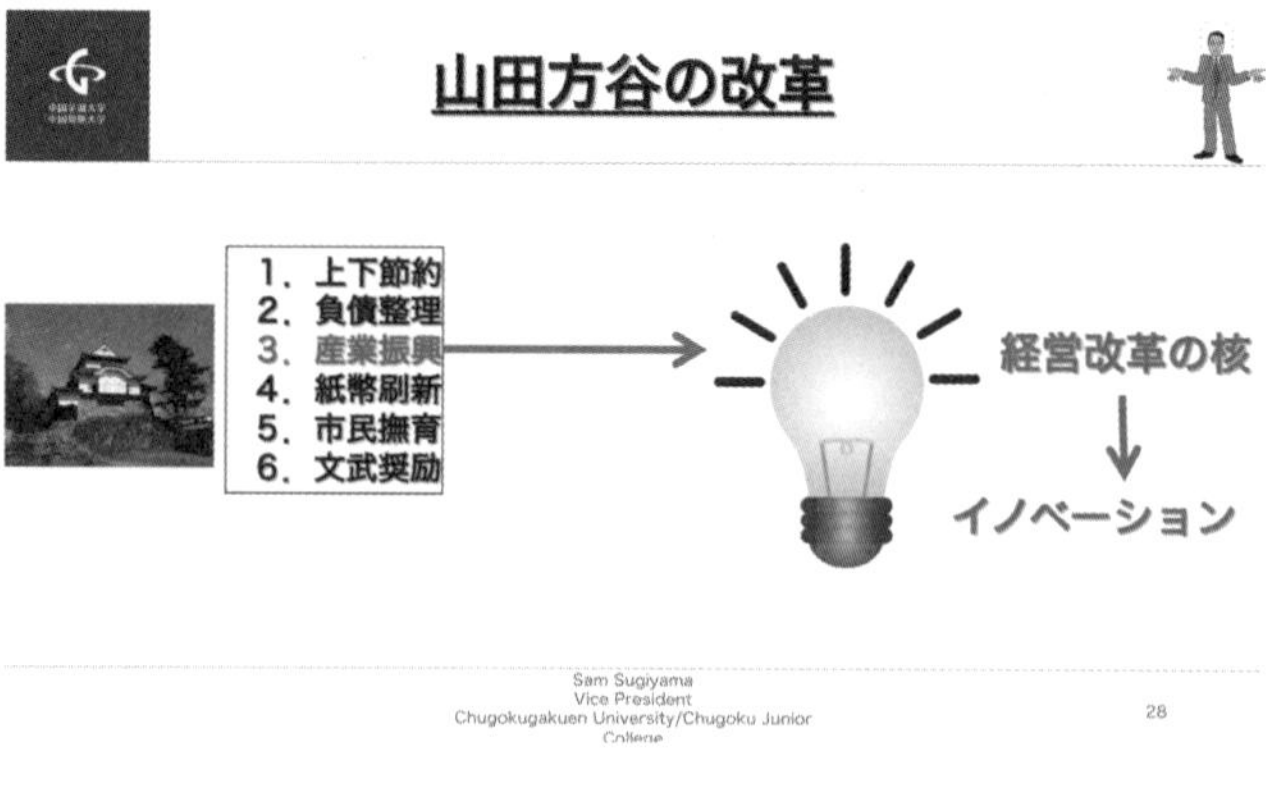
山田方谷の改革
1. 上下節約
2. 負債整理
3. 産業振興
4. 紙幣刷新
5. 市民撫育
6. 文武奨励
経営改革の核
イノベーション
Sam Sugiyama
Vice President
Chugokugakuen University/Chugoku Junior College
28

イノベーションが経営改革の核

それではいよいよ経営改革の本丸である3番目の「産業振興」についてお話をさせていただきます。これが山田方谷の行った経営改革の核心となるものです。核心を現代的な経営学用語でいうと「イノベーション」となります。イノベーションとはいったい何なんでしょうか。

１９１２年に、ヨゼフ・シュンペーターというオーストリア出身でハーバード大学の教授をしておりました学者が『経済発展の理論』を発表しました。彼は経済学者で、経済が発展する原因とは何なのかを研究していました。経済が発展するのは実は新しいイノベーション、例えば自動車とか電気とかが出て来ると、それによって経済は発展するということで、その理論をまとめ上げたのが『経済発展の理論』という本です。彼はイノベーションはいったい何なのかということで、５つの定義をしています。

一つは「新しい財やサービスの生産」、つまり、新しい電気自動車みたいなものがこれにあたります。次の「新しい生産方法の導入」というのは、今までの人手ではなくロボットをたくさん使った自動化の製造方法といったようなことがこれにあたります。そして「新しい販売先の開拓」というのは、今起こっているコロナの状況下ですと、Amazonの通販のような新しい販売方法によって販売していくというのがこれにあたります。それから「新しい仕入れ先の獲得」は、例えば岡山県の中からたたらを仕入れるのではなく、島根や広島からたたらを仕入れるということが、新しい仕入れ先の獲得ということになります。そして「新しい組織の実現」は、これらを実現するために組織を

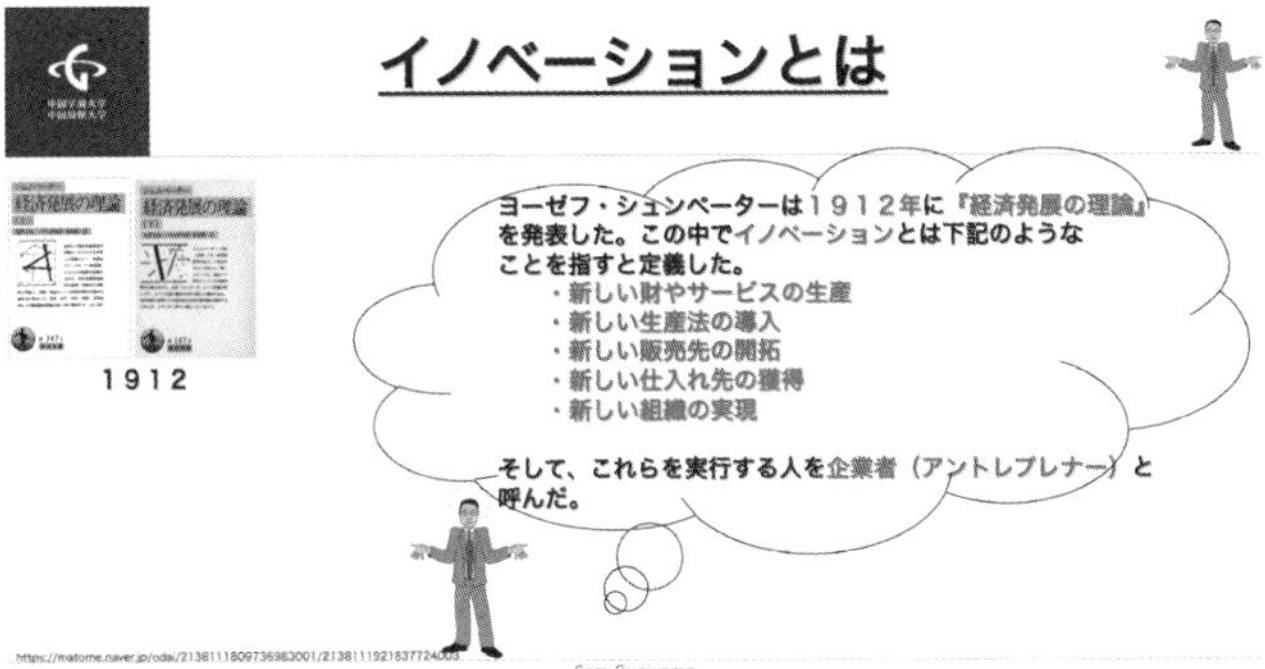

改革して新しい組織を作り上げるということがイノベーションの核だということで、これを実行する人たちのことを企業家(注19)（アントレプレナー）と彼は定義しております。まさに山田方谷はこのイノベーションを興すことによって、経営改革を成し遂げたというふうに考えております。

では、山田方谷のイノベーションとはなんだったのでしょうか。

当時、平鍬という物がありました。これは今の滋賀県辺りでつくられていたものが多いと言われていますが、山田方谷は砂鉄を使ったたたら製鉄によって鍬を大量生産し、これを「備中鍬」と名付けました。この備中鍬を大量に高梁市でつくることでイノベーションを興したというふうに考えております。

実は、私が最初に山田方谷を研究し始めたときに、備中鍬そのものも山田方谷が発明したのかなと思っていたのですが、それは間違いでした。すでに『農具便利論』という本が大倉永常によって書かれていて、１８２２年に発行されていました。その本の中に「備中鍬」という項目があり、三鍬とか四鍬とかが「備中鍬」という名前で掲載されており、既に日本中に浸透していました。したがって、18世紀の終わりにはもうこの備中鍬は日本全土に広がっていたというふうに考えられると思います。

では、山田方谷は何をしたのかというと、これを大量に生産して日本全国で販売したのです。冒頭に話しましたが、借金の棚上げを大坂の商人たちにお願いしたわけですが、その時に、追加の借金のお願いをしなかったという話をしたと思います。何をやるにしてもお金は要ります。既に負債は10万両もあり、松山藩にはお金は一切ありませんでした。その中で何か新しいことをやるとすると、例えばたたらを買ってくるということにも資金は必要になるわけですが、実はその資金の提供者は誰かというと、矢吹久次郎なのです。

島根には田部《たなべ》という「たたら王」がいましたが、当時の岡山には矢吹家というたたら王がいたのです。矢吹家は、本家である本矢吹と北矢吹、南矢吹と3つありまして、その中の南矢吹の第三代当主が矢吹久次郎でした。矢吹久次郎は山田方谷に対して資金提供をすると同時に、原料供給としてたたらを提供しました。そして、おそらく備中鍬を作るための人材も提供したのではないかと考えています。そうすることによって、山田方谷のミッションが実現できたのではないでしょうか。

ここで少しこの矢吹久次郎についてお話ししますと、実は彼は三代目当主になるために、親から方谷の自宅で帝王学を学ぶために弟子入りさせられます。つまり若い時に方谷から個人レッスンを受けていたのです。ところが、父親が亡くなったため

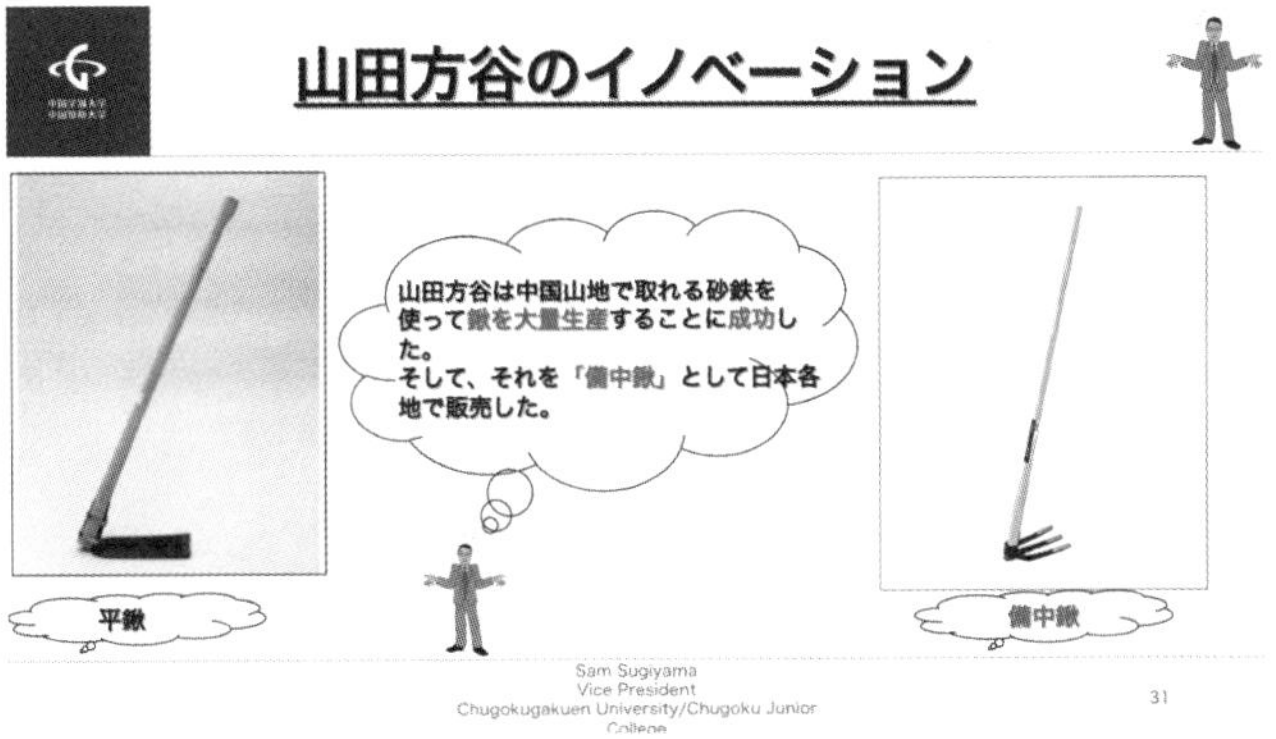
山田方谷のイノベーション
山田方谷は中国山地で取れる砂鉄を使って鍬を大量生産することに成功した。
そして、それを「備中鍬」として日本各地で販売した。
平鍬
備中鍬
Sam Sugiyama
Vice President
Chugokugakuen University/Chugoku Junior College
31

注19．近年は「起業家」と表現されるが、ここではシュンペーター著『経済発展の理論』の訳に従い「企業家」としておく。

に2～3年で新見に戻って、第三代当主になったのですが、それ以降も恩師である山田方谷に対して、陰になり日なたになり資金だけでなくいろいろな面で援助をしていきます。同時に、方谷には可愛がっていた娘がいたのですが、その娘を最終的には矢吹久次郎の長男と結婚させることになります。したがって、久次郎というのは、方谷にとっては弟子であり改革の同志であり、同時に肉親でもあるという間柄だったのです。矢吹久次郎なしには山田方谷の経営改革はできなかったであろうと、私は思っています。

二次産業を興しキャッシュを獲得

それからもう一つ、非常に大切なポイントがあります。江戸時代の改革ということでは上杉鷹山という非常に有名な人がいます。上杉鷹山は山田方谷から遡ること80年位前の話になります。山田方谷の時には既にいくら田んぼを広げて米を作っても、キャッシュはあまり増えない、つまり、農業の生産性が非常に低いということに気付いておりました。上杉鷹山は、やはり時代がもう少し古いために、農業改革を中核とした改革を進め、水路を作って米が採れる田んぼを増やしていくということしかし

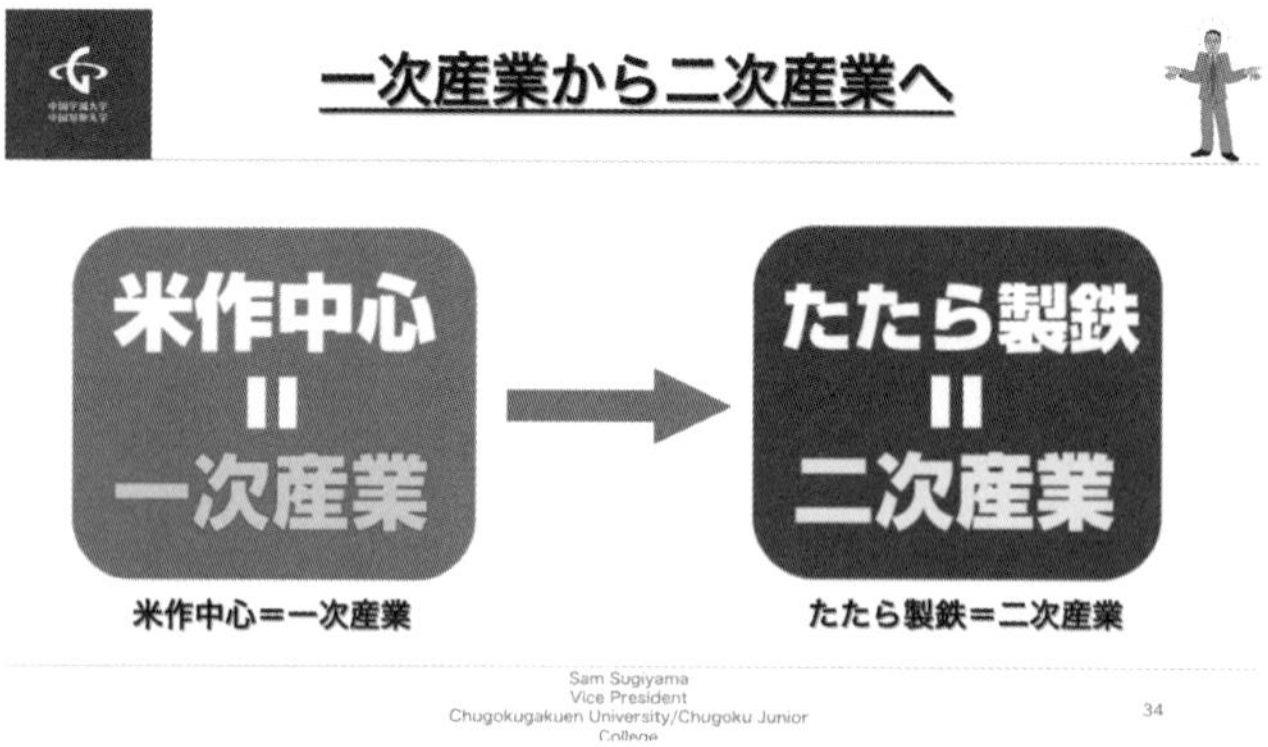
一次産業から二次産業へ
米作中心
=
一次産業
たたら製鉄
=
二次産業
米作中心＝一次産業
たたら製鉄＝二次産業
Sam Sugiyama
Vice President
Chugokugakuen University/Chugoku Junior College
34

ておりませんでした。注目しておいていただきたいことは、米作中心の一次産業だけに依存していたらとても経営改革は成り立たないということです。方谷の興したたたら製鉄というのは二次産業の製造業ですから、付加価値が非常に高くなるということに目を付けて、一次産業の生産性よりも付加価値の高いたたら製鉄で多額のキャッシュを松山藩にもたらすことができたのです。

山田方谷はこの新見の矢吹久次郎のところで出来た「たたら」を、高瀬舟で備中松山（高梁）に持って来て、そこで「備中鍬」を製造し、そしてこれをまた高瀬舟に載せて玉島まで運び、玉島からは今度は北前船によって大坂の商人を通さないで江戸に持って行ったのです。江戸が一番市場が大きいので、江戸に持ち込んで巨額の利益を得たということです。つまり、「サプライチェインの改革」を実現したことになります。山田方谷がやったことは、実は今日の農業生産者の人たちがやっている「六次化」(注20)というものに似ています。「農業のブランド化」とか「サービス化」という言葉が今日使われていますが、それを実は先取りしています。つまり、どういうことをやったのかというと、江戸時代すべての物資は大坂に集められていました。北海道だろうが山陰だろうがすべての物がいったん大坂に集められて、大坂から全国に供給されるというシステムだったのです。ところが方谷はそこに早くに目を付けて、大坂を通さないで直接江戸に運ぶというこ

注20．農林業の六次化　1次産業としての農林漁業、2次産業としての製造業、3次産業としての小売業等の事業との総合的かつ一体的な推進を図り、農山村の豊かな地域資源を活用して新たな付加価値を生み出す取り組み（農林水産省ホームページより）。

とをやったのです。ですから、備中鍬とか釘とかを作って、それをすぐに江戸に持って行って直接販売して大きな利益を得たのだろうと言われています。それは今で言う「六次化」とか「サービス化」というもので、三次産業まで入っていきますから、それだけ付加価値を高めていったということになるわけです。

よく山田方谷の本の中に、実はこれには快風丸という蒸気船を使ったのだという話がありますが、実際には快風丸の購入は1882年の明治維新の直前で、方谷は既に吟味役を退いておりました。ですから、それはずっと後の話だと考えて良いかと思います。

それ以外に、山田方谷は産業育成のために「撫育方」というものを設置しました。これは吟味役に任命された3年後のことです。撫育方とはどういうものなのかというと、現代でいう「産業支援センター」と全く同じ役割のものです。産業を育てるための特別な役所を作り上げたということです。

地名を冠したブランド戦略

また、山田方谷の非常に知的なやり方だと思える施策として、「ブランド戦略」ということが挙げられます。そこに例として示している和菓子の源吉兆庵というのは岡山のブランドなんですが、非常に上手にブランド構築をしています。ブランド化した商品と他の商品の違いは何かというと、ブランドは一回だけ売れたということではなくて、継続して売れ続ける仕組みを作ることです。これを「ブランド化」といいます。山田方谷はブランド化を上手に成功させています。ブランド戦略の核は「備中松山」という地域名を冠として付けたことです。冠に地域名を付けると非常に強いブランドになると一般的に言われています。「備中鍬」という名前で一点突破をします。「備中鍬」は全国で誰も知らない人はいないブランドとなります。ある意味、備中鍬は当時のハイテクな商品ですから、「そういう所で作られたものは良いものではないか」と一般の消費者は考えるわけです。そういうことで「備中」を冠に付けて、「備中松山刻み」（タバコ）「備中茶」「備中和紙」といったふうに商品名にくっつけたのです。

　エルメスというのはフランスのパリで高級な馬具を作っている会社で、今やファッションブランドにも横展開していますが、ロゴをよく見ると、エルメス（HERMES）の文字の下にはパリ（PARIS）と地名がちゃんとくっついているのが分かります。こういう形でブランドにくっつけるというのは、非常に賢いブランド戦略であると考えられます。

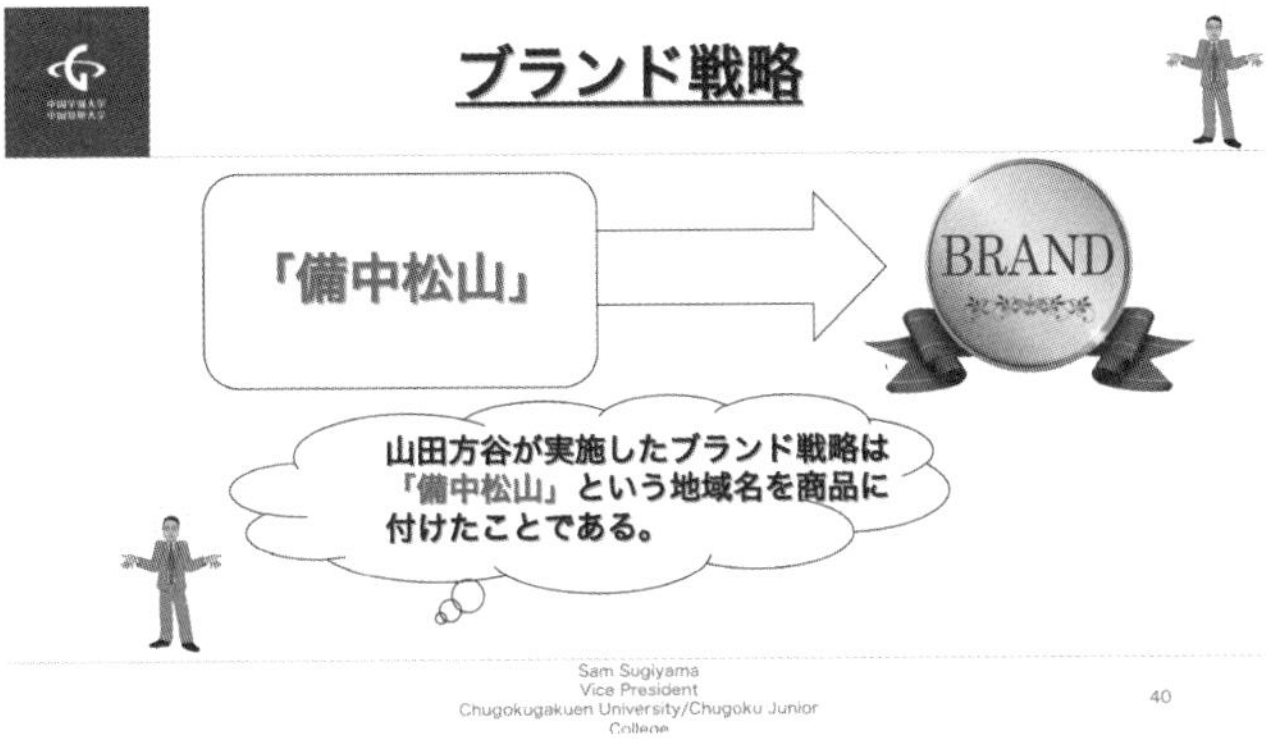
ブランド戦略
「備中松山」
BRAND
山田方谷が実施したブランド戦略は
「備中松山」という地域名を商品に
付けたことである。
Sam Sugiyama
Vice President
Chugokugakuen University/Chugoku Junior
College
40

　それ以外に山田方谷が行ったこととして、「鉱山経営」があります。鉱山経営をしてそのお金で経営改革を成し遂げたのではないかという研究者の発表もあります。私も興味があって調べてみましたが、これは間違いでした。現在の住友財閥が使用していた屋号は泉屋で、吹屋にある吉岡銅山は、その泉屋＝住友財閥が銅山経営を始めた場所だったのです。吹屋で１６８１年に始めて１７１５年までは泉屋（住友）が吹屋の銅山経営をしていました。ところがここで住友は吹屋から撤退して、その後別子銅山に行きます。今まで吹屋で蓄積した資金や銅山の開発のノウハウや関係する人たちを引き連れて、別子銅山に行ってそこで住友財閥は大きく発展することになります。ですから、住友財閥の基は吹屋にあるということを、ぜひ皆さんには覚えておいていただければと思います。

そして、その後、いろいろな人が吹屋の銅山やベンガラの経営をしていきます。岡山藩の家老である伊木家が経営していた時期もありますし、明治維新の前の１８６４年からは松山藩が経営をしております。このころには藩主である板倉勝静は松山（高梁）にはいなかったので、山田方谷がトップであったわけで、その時に松山藩が吹屋の吉岡銅山を買い取ります。そして、明治維新後の１８７３年には廃藩置県があり、藩士が路頭に迷うということがあって、その時に売却してその金を城下の武士たちに分け与えました。

さらに非常に面白いのは、１８７３年以降は三菱の経営になったことです。岩崎弥太郎がここを買い取ったのです。そして岩崎は何をしたかというと、ヨーロッパから最新の掘削機や精錬の機械を購入して、吹屋で吉岡銅山を再度復活させるのです。ですから、三菱財閥の実質の基礎はこの吹屋の吉岡銅山で作られたというふうに言われていて、昭和の初めまでは実際に三菱の事務所が吹屋にあったのです。

ということで、この吉岡銅山は、住友財閥の創業期に貢献し、そして明治になって三菱を育て上げたということになりますので、非常におもしろい歴史を持った銅山と言えるかと思います。

これで私がまとめた資料の発表は終わりになります。山田方谷の改革は出発点のPoint of Departureは10万両の借金から、たった７年で10万両の蓄財をし豊かな藩に変えた。５万石と言われた松山藩を、おそらく岡山藩の35万石を越えるような藩に作り上げたというふうに考えております。７年でこれだけの経営改革ができるかと考えると、なかなかこれだけの経営者はいないだろうと思います。

地方創生に産業育成は必須

今日、「地方創生」ということをよく言われますが、山田方谷の改革を地方創生という観点からみるとどういった意味があるのかをまとめますと、私は地方創生は産業育成しかないと思います。産業育成とはどういうことかというと、つまり「雇用創出」です。雇用がないところはどんどん人口が減っています。既に江戸の終わり、明治の初めに山田方谷が経営していたころは、備中松山藩では５・５万人の人がいたのですが、今や４万人を切るくらいの人口まで減少しています。人口を増やすためには雇用創出ができるかどうか、つまりその裏にある産業育成がどうしても必要になるのです。そして、そのためには、地方独自の資源に注目することが必要となります。人のまねをするとか、どこからかアイデアを盗んでくるとかそういうことではなくて、山田方谷は地元の資源であるたたらに注目をし、備中鍬を大量生産して改革を成し遂げたのです。

ということで、いったい「現代のたたら製鉄は何なのか」。一言申し上げおきますと、明治になって釜石製鉄所ができて、その後に官営の八幡と富士の製鉄所ができますけれども、それまで日本の製鉄で一番盛んだった町はどこかというと、備中松山の高梁だったのです。他の都市の物まねをしてもダメです。東京のまねをしたらもっとダメです。それからもう一つ、山田方谷が作った物を需要の高い江戸に運んだように、今日の地方創生のためには、顧客は世界に求めないといけないと思っています。こういうことをやらないと都市間競争に敗れてしまい、だんだん町が寂れていくということになっていくのだろうと思います。

以上で私の発表を終わります。ご清聴ありがとうございました。

〈参考文献〉
『山田方谷全集』山田準編纂、明徳出版社

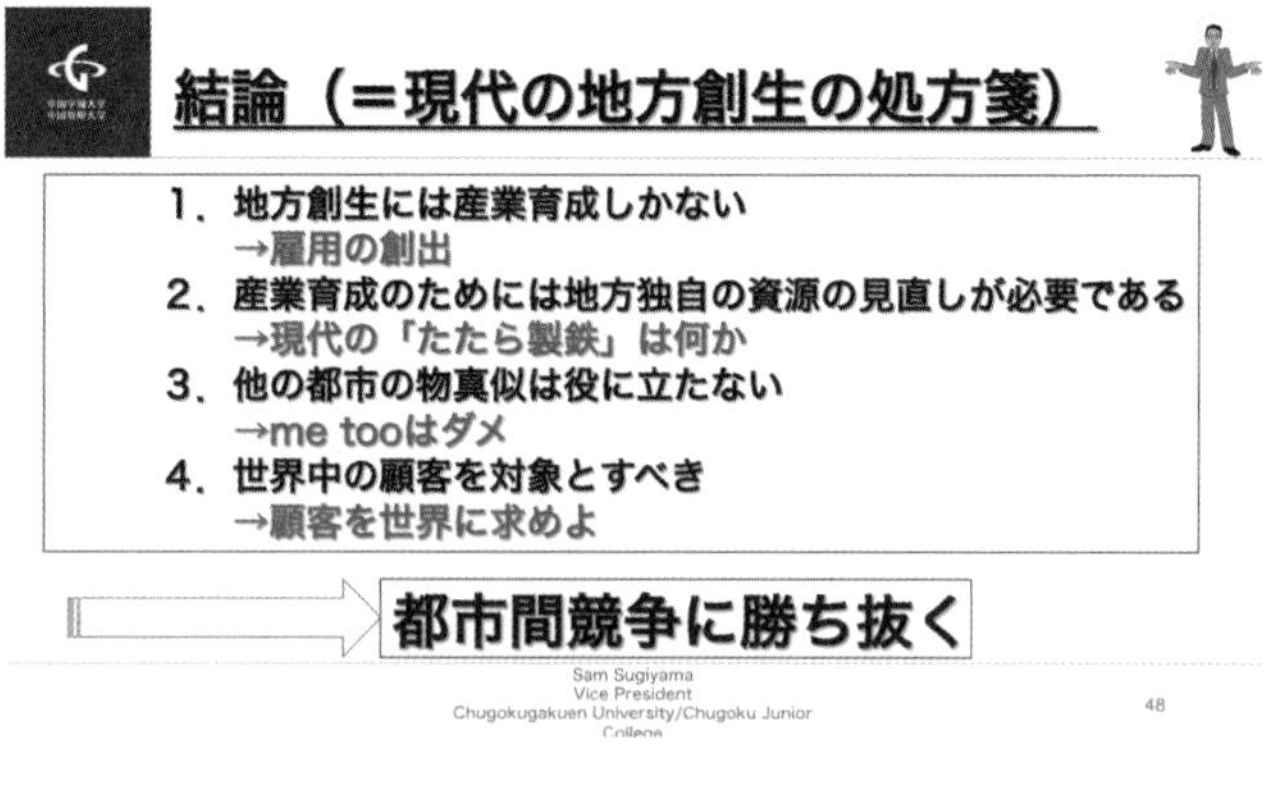
結論（＝現代の地方創生の処方箋）
1、地方創生には産業育成しかない
→雇用の創出
2、産業育成のためには地方独自の資源の見直しが必要である
→現代の「たたら製鉄」は何か
3、他の都市の物真似は役に立たない
→me tooはダメ
4、世界中の顧客を対象とすべき
→顧客を世界に求めよ
都市間競争に勝ち抜く
Sam Sugiyama
Vice President
Chugokugakuen University/Chugoku Junior College
48

『ケインズに先駆けた日本人』矢吹邦彦著、明徳出版社
『泉屋叢考　第12＆14輯』住友修史室
『山田方谷に学ぶ改革成功の鍵』野島透、明徳出版社
『山田方谷に学ぶ財政改革─上杉鷹山を上回る財政改革者』野島透、明徳出版社
『入門 山田方谷』山方谷に学ぶ会、明徳出版社
『経済発展の理論』上・下、ヨーゼフ・シュンペーター、岩波文庫
『ストラテジックソーシング─競争と協調の調達戦略』ティモシー・M・レスター、ピアソン・エデュケーション
『ブランド・エクイティ戦略─競争優位をつくりだす名前、シンボル、スローガン』デービッド・A・アーカー、ダイヤモンド社
『山田方谷　河井継之助が学んだ藩政改革の師』童門冬二、学陽書房
『農具便利論 3巻』大蔵 永常
『経営戦略全史』三谷宏治、デュスカバートェンティワン
『戦略的サプライチェーンマネジメント ── 競争優位を生み出す5つの原則』ショシャナ・コーエン（著）、ジョセフ・ルーセル（著）、英治出版
『企業戦略論【上】基本編 競争優位の構築と持続』ジェイ・B・バーニー（著）、ダイヤモンド社
『アンゾフ戦略経営論』H・イゴール・アンゾフ（著）、中央経済社

［対談］

「山田方谷と地方創世」

岡﨑　彬（岡山商工会議所前会頭）
千葉　喬三（中国学園大学・中国短期大学学長）
司会：杉山　慎策（中国学園大学・中国短期大学副学長）

岡﨑彬氏

千葉喬三氏

司会
杉山慎策氏

司会　ＮＨＫの大河ドラマで方谷を取り上げて欲しいという１００万人の署名を集められましたが、どのような経緯でこの活動を進められたのでしょうか。

岡﨑前会頭　山田方谷については最初高梁市の市長からお話があり、この活動のために、多くの関係者が集まり署名運動がスタートしました。

司会　１００万人の署名運動というのは初めてのことだと思うのですが……。

岡﨑前会頭　はい。真田幸村の時は66万人の署名を集めるということをされましたが、恐らく１００万人の署名、それも、岡山だけではなく全国47都道府県全てから多くの署名をいただいて１００万人の署名が達成できました。もちろん地元の岡山が一番多いことも事実ですが……。

司会　１００万人の署名達成誠におめでとうございます。本学もこの署名運動に賛同しております。大河ドラマが実現することを心より願っております。次にお伺いしたいのは、昨今「地方創生」ということが叫ばれることが多いのですが、方谷の功績を「地方創生」という観点からどのように理解すればよいのでしょうか。

岡﨑前会頭　方谷が改革をした備中松山藩は当時破綻寸前の藩でした。少子高齢化に悩む今日の地方の現状によく似ているとも言えます。方谷の改革を研究して、それを今日の「地方創生」に生かしてほしいと思います。

地元資源に着目し産業育成

司会　方谷は地方にある資源である砂鉄に着目し、それを備中鍬や釘に加工し、江戸で販売をしました。方谷のやったことは産業育成でしょうか。

岡﨑前会頭　はい。正に、産業育成で備中松山藩を蘇らせたと思います。もう一つ大切なことは、今日の経営学の用語ですと「透明性」と言われますが、先ず藩の経済の現状を赤裸々に開示し、その事実に基づき何をやるべきかを考え実行した。方谷を抜擢したのは板倉勝静で、彼は学者であった方谷を経営改革のトップとして抜擢をします。１００％の全権委任で勝静は方谷を１００％サポートします。領民の皆さんも喜んで従いました。

司会　方谷は改革をするために自分の家の家計まで明らかにし一切の隠し立てをしなかったといわれていますね。通常役が上になると目に見えない形の功徳が入るが、それも全て開示することにより拒否した。結果役は上になったが却って山田家は貧しくなったと言われています。

岡﨑前会頭　多くの場合成功者を妬むということが多々見られます。自分の家計を開示することで、決して役に甘んずることなく、却って貧しくなることで、庶民の人たちの信頼を得たと思います。

司会　人がもっているこのような人情にたいする配慮は重要だとお考えでしょうか。

岡﨑前会頭　はい。方谷は生まれてからずっと恵まれた環境で育っているわけではない。その中で経験したことがこの改革の中でも役に立っていると思います。人の辛酸を舐めて生きてきたことがリーダーとしての成功に結び付いていると思います。学問を習得されていたことは間違いないでしょうが、学問を前に出して改革を進めたわけではありません。

方谷の改革こそ地方創生

司会　陽明学の「知行合一」(注21)の考え方は重要ですね。知識が重要なのではなくその知識を活用して行動し、実績を出すという考え方ですね。

岡﨑前会頭　一つの旗を立ててその旗の下に結集して皆で努力をすることが地方創生には大切だと思います。東京の真似をするのではなく、岡山あるいは高梁に軸足を置き、その中で皆で目標を立て努力することが地味なようですが、「地方創生」には重要と思います。

司会　地方創生ということが叫ばれていますが、山田方谷を地方創生という視点からどのように千葉先生はとらえられていますか。

千葉学長　山田方谷は中国山地が日本の7～8割の鉄を生産していることに目を付けた。一番身近にあり確実に収益があげられる資源に目を付けたということは凄いことです。それを高梁で加

注21．知行合一　陽明学の実践重視の立場を示す説。朱子学の先知後行説が、認識を実践よりも重要視するのに対して、真の認識は実践を通じて獲得されるという見地から認識と実践を一致させる必要を説く（『大辞林』）。

工し、備中鍬として江戸で販売した。一つとして無駄なことはしていない。自分のストーリーがありそれを着実に実行するという稀有の才能を持った人物だと思います。

私たちは教育に関わる人間ですが、方谷は最初に朱子学を学び、その後陽明学を学びます。普通の人物ならそこで終わりなのですが、方谷はその学んだ朱子学や陽明学を生かして、産業育成なども成功させた。江戸時代の田舎の小藩である高梁から世の中の人がびっくりするような産業を生み出した。近代日本の礎を作り出したと言っても過言ではない。学問を学問で終わらせずに、実社会に如何に生かすかという視点を持っていた。それを日本の地方の小藩の高梁で実現させたことが素晴らしいと言える。地方創生が叫ばれるが、方谷は実践に結び付けている。

司会　陽明学の考え方の中に「知行合一」という言葉がありますね。ただ単に学問をして知識を持っていてもそれを生かさなければ知識とは言えないという考え方ですね。

千葉学長　学問のための学問ではなく、世の中を動かしたり、社会のために役立てることが大切です。方谷は「義」という言葉を大切にし、何のためにこのことをするのかを「義」という観点から絶えず明らかにして行動に移した。私たち教育者にとってとても大事なことを言っていると思う。現代にとっても方谷は大変参考になります。

司会　「利は義の和」(注22)ということを方谷は言っておりますが、正に先生のおっしゃる何のためにやるのかを明確にすれば結果は自ずと生まれるということなのでしょうか。

千葉学長　もう一つの大切なポイントは方谷は絶えず下の人への思いやりの視点を忘れていないことです。体制のために改革をするということではなく、社会の底辺にいる人たちのことを意識しながら、いろいろな施策を考えていきます。現代の政治家の中でもそのような視点を持っている政治家は少ないと思う。とても参考になる政治手法だと思います。方谷が高梁にいたことを私たちは誇りに思うべきですね。

司会　ノーベル賞を受賞された大村智先生も大切にされている言葉に「至誠惻怛《しせいそくだつ》」（注23）がありますが、方谷もこの言葉をとても大切にしていますね。目上の人には「誠」を持って尽くし、下の人にはいつくしみを持って接するという意味ですね。

教育者として、政治家あるいは政治の参謀として、また、経営改革者として、マルチの才能を持った人物が岡山の田舎にいたことになりますね。

千葉学長　方谷のような偉才が岡山の田舎にいたことは奇跡とも言えます。このことはあまり日本国中で知られていることではない。ぜひ日本の人全員に知って欲しいと思います。

方谷の理念と教学理念の「自立創世」

司会　前の岡山商工会議所会頭の岡﨑彬氏はNHKの大河ドラマに方谷を取り上げていただきたいという１００万人の署名運動を実施され、実際に１００万人以上の署名を集められました。ぜ

注22．利は義の和　山田方谷は『論理財』で「利の元は義なり」と述べている。
注23．至誠惻怛　至誠は「まごころ」、惻怛は「いたみ悲しむ心」を意味する。

ひ大河ドラマとして実現して欲しいですね。

千葉学長　大河ドラマでは派手な英雄が取り上げられることが多いように思うが、絶えず庶民のためという視点があり、社会を動かした方谷を取り上げて欲しい。

中国学園の教学理念は「自律創世(注24)」としているが、この考えは正に方谷が唱え実践した理念です。今日、日本は国際的に世界をリードする国ではなくなったかも知れませんが、しっかり人材を育成して世界をリードするような人材が本学から育って欲しいと思っています。

注24．自律創世　学生の精神的・道徳的・文化的・心理的・身体的発達を促進し、成人として自立し、自分の人生は自らが創ることにより社会の発展に寄与しうる人材を育成する（中国学園大学・中国短期大学ホームページ）。

編者紹介

杉山慎策

岡山大学法文学部卒業後、ロータリー財団奨学生として西ワシントン州立大学大学院経済学研究科に留学。岡山大学副手を経て資生堂に入社。国内営業や商品開発を経験し、資生堂ＵＫ社長、本社国際広報課長を歴任。資生堂退社後はユニリバーやロレアルなどの外資系企業のマーケティング責任者や経営責任者を歴任。2003年から2008年まで東京海洋大学客員教授。2006年より立命館大学経営管理研究科教授。2011年より国立大学法人岡山大学キャリア開発センター教授。2013年より就実大学人文科学部教授。2014年より新設した就実大学経営学部学部長、2015年より就実大学・短期大学副学長を兼務。2019年より中国学園大学・中国短期大学副学長。

「山田方谷《ほうこく》の思想と改革」

2020年９月26日　初版第１刷発行

編　者――杉山慎策（中国学園大学・中国短期大学）
発　行――吉備人出版
〒700-0823　岡山市北区丸の内２丁目11-22
電話 086-235-3456　ファクス 086-234-3210
振替 01250-9-14467
メール books@kibito.co.jp
ウェブサイト www.kibito.co.jp
印刷所――株式会社三門印刷所
製本所――株式会社岡山みどり製本

ISBN978-4-86069-628-3　C0021